中国工会审计条例

图书在版编目（CIP）数据

中国工会审计条例．—北京：中国工人出版社，2023.5
ISBN 978-7-5008-8174-2

Ⅰ.①中… Ⅱ. Ⅲ.①工会工作 – 财务审计 – 条例 – 中国 Ⅳ.① D412.67

中国国家版本馆 CIP 数据核字（2023）第 064182 号

中国工会审计条例

出 版 人	董　宽
语音主播	赵迎诚
责任编辑	王晨轩　赵晨羽
责任校对	张　彦
责任印制	栾征宇
出版发行	中国工人出版社
地　　址	北京市东城区鼓楼外大街45号　邮编：100120
网　　址	http://www.wp-china.com
电　　话	（010）62005043（总编室）
	（010）62005039（印制管理中心）
	（010）62382916（工会与劳动关系分社）
发行热线	（010）82029051　62383056
经　　销	各地书店
印　　刷	北京市密东印刷有限公司
开　　本	787毫米×1092毫米　1/32
印　　张	0.75
字　　数	20千字
版　　次	2023年5月第1版　2025年4月第4次印刷
定　　价	5.00元

本书如有破损、缺页、装订错误，请与本社印制管理中心联系更换
版权所有　侵权必究

目 录

中华全国总工会关于印发《中国工会审计条例》的通知 …………………………………………（1）

中国工会审计条例 ……………………………（2）
 第一章 总 则 ……………………（2）
 第二章 工会审计机构和人员 …………（4）
 第三章 工会审计职责 …………………（6）
 第四章 工会审计权限 …………………（9）
 第五章 工会审计程序 …………………（11）
 第六章 工作保障 ………………………（14）
 第七章 相关责任 ………………………（17）
 第八章 附 则 ……………………（18）

中华全国总工会关于印发
《中国工会审计条例》的通知

各省、自治区、直辖市总工会,各全国产业工会,中央和国家机关工会联合会,全总各部门、各直属单位:

《中国工会审计条例》已经第十七届中华全国总工会党组第 149 次会议审议通过,现印发给你们,请认真贯彻执行。

中华全国总工会
2023 年 3 月 10 日

中国工会审计条例

第一章 总 则

第一条 为加强党对工会审计工作的领导,规范工会审计行为,提高工会经费使用效益,维护工会资产安全,根据《中华人民共和国工会法》、《中华人民共和国审计法》和《中国工会章程》,制定本条例。

第二条 工会坚持经费独立原则,依法建立对工会经费收支、资产管理等全部经济活动的审计监督制度。

第三条 工会审计是指各级工会经费审查委员会(以下简称经审会)在同级工会党组织领导下,依照法律法规和《中国工会章程》规定的职责、权限和程序,对工会财务收支、资产管理、内部控制、风险管理等全部经济活动实施独立、客观的监督、评价和建议的活动。

同级工会未建立党组织的,其经审会接受所在单位隶属的党组织领导,向所在单位隶属的党组织报告审计工作。

第四条 工会审计实行统一领导、分级管理、分级负责、下审一级的工作体制。工会审计的制度和办法由中华全国总工会统一制定。

第五条 工会审计遵循依法审计、服务大局、突出重点、注重实效的工作方针。

第六条 经审会依照法律法规和《中国工会章程》独立履行审计监督职责,被审计单位及其有关人员不得拒绝和阻碍工会审计人员履行职责,不得打击报复工会审计人员。

第七条 工会审计人员在办理审计事项中,应当恪守国家审计准则规定的严格依法、正直坦诚、客观公正、勤勉尽责、保守秘密等基本审计职业道德和审计纪律。

第八条 经审会的审计结果作为同级工会、上级工会及其有关部门评选先进和工作考核的重要依据。

第九条 工会审计应当接受国家审计机关的业务指导和监督。

第二章 工会审计机构和人员

第十条 经审会应当与同级工会委员会同时考察、同时报批、同时选举产生。

第十一条 经审会向同级工会会员大会或者会员代表大会负责并报告工作；大会闭会期间，向同级工会委员会负责并报告工作。上级经审会对下级经审会进行业务指导和监督考核。

经审会定期向同级工会党组织报告审计工作。

第十二条 经审会委员由政治素质高、业务能力强、具有相关专业知识的工会干部和会员担任并经民主选举产生。县级以上工会经审会委员人数不少于同级工会委员会委员人数的20%，最低不少于5人；基层工会经审会委员人数一般3至11人。经审会委员中具有审计、财会专业知识的人员不少于三分之二。

第十三条 工会主席、分管财务和资产的副主席、工会财务人员和资产管理人员，不得担任同级工会经审会委员。

第十四条 全国总工会和省、自治区、直辖市总工会以及独立管理经费的全国产业工会经审会，应当设置常务委员会。

第十五条 全国总工会经审会委员实行替补制。各级地方总工会、独立管理经费的产业工会和机关工会联合会经审会委员也可以实行替补制。

第十六条 全国总工会、各级地方总工会、独立管理经费的产业工会和机关工会联合会的经费审查委员会办公室（以下简称经审办），作为经审会的日常工作机构，承担工会经费审查审计监督工作。

第十七条 工会应当建设信念坚定、为民服务、业务精通、作风务实、敢于担当、清正廉洁的高素质专业化审计队伍。

经审会应当加强对审计人员遵守法律法规和履行职责情况的监督，督促审计人员依法履职尽责。

第十八条 工会审计人员应当具备与其从事审计业务相适应的专业知识和职业能力。

第十九条 经审会根据工作需要，可以委托具有相应资质的社会中介机构对有关事项进行审计；可以聘请具有审计、财会等专业资格和职业能力的人员参与审计工作。

经审会应当加强对外聘社会中介机构和人员的指导检查、监督评价和质量控制，对审计方案、审计工作底稿、审计报告等进行审核，根据审计工作完成情况，建立考评和退出机制。

第二十条 工会审计人员不得从事可能影响独立、客观履行审计职责的工作，不得参与、干预、插手被审计单位及其相关单位的经济管理活动；在办理审计事项中，与被审计单位或者审计事项有利害关系的应当回避；对在履行职责中知悉的国家秘密、工作秘密、商业秘密、个人隐私和个人信息，应当予以保密，不得泄露或者向他人非法提供。

第三章 工会审计职责

第二十一条 经审会对本级工会及其所属企事业单位和下一级工会的下列事项进行审计：

（一）贯彻落实党和国家相关重大经济社会政策措施以及全国总工会决策部署情况；

（二）与经济活动有关的发展规划、战略决策、重大措施以及年度业务计划执行情况；

（三）经费预算编制和调整、预算执行、决算草案以及其他财务收支情况；

（四）经费计提和拨缴情况；

（五）专项资金物资的筹措、拨付、管理和使用情况；

（六）资产的管理、使用和处置情况；

（七）本级工会及其所属企事业单位建设项目情况；

（八）本级工会及其所属企事业单位对外投资情况；

（九）内部控制及风险管理情况；

（十）经费使用效益和资产经营效益情况；

（十一）撤并时的财务清算情况；

（十二）工会管理和委托其他单位管理的社会捐赠资金、各类基金的收支情况；

（十三）其他需要审计的有关事项。

以上事项，必要时可以进行延伸审计。

第二十二条 经审会对本级工会预算执行情况要每年审计,对下一级工会预算执行情况的审计至少在本届任期内全覆盖。

经审会对涉及本地区本产业本系统全局的重大项目,有权统一组织开展跨层级、跨区域审计或者专项审计。

第二十三条 经审会接受本级工会干部管理部门的书面委托,对本级工会内部管理的领导人员履行经济责任情况进行审计。

经审会实施经济责任审计时,参照执行国家有关经济责任审计的规定。

第二十四条 经审会可以对被审计单位依法依规应当接受审计的事项进行全面审计,也可以对其中的特定事项进行专项审计或者专项审计调查。

第二十五条 上级经审会对其审计职责范围内的审计事项,可以授权下级经审会进行审计。

下级经审会应当配合协助上级经审会开展各项审计工作。

第四章　工会审计权限

第二十六条　经审会有权要求被审计单位提供财务、会计资料以及与财务收支有关的业务、管理等资料，包括电子数据和有关文档。被审计单位不得拒绝、拖延、谎报。

被审计单位负责人应当对本单位提供资料的及时性、真实性和完整性负责，并作出书面承诺。

经审会对取得的资料进行综合分析，需要向被审计单位核实有关情况的，被审计单位应当予以配合。

第二十七条　经审会进行审计时，有权检查被审计单位的财务、会计资料以及与财务收支有关的业务、管理等资料和资产，有权检查被审计单位信息系统的安全性、可靠性、经济性，被审计单位不得拒绝。

第二十八条　经审会进行审计时，有权就审计事项的有关问题向有关单位、部门和个人进行调查和询问，并取得有关证明材料。有关单位、部门和个人应当配合、协助经审会工作，如实向经审会反映情况，提供有关证明材料。

第二十九条 经审会进行审计时，经经审会主要负责人批准，有权对可能被转移、隐匿、篡改、毁弃的财务、会计资料以及与财务收支有关的业务、管理等资料，采取暂时封存的措施。

第三十条 经审会进行审计时，有权对正在进行的严重违法违规、严重损失浪费行为及时向单位主要负责人报告，经同意作出临时制止决定。

经审会有权提出纠正、处理违法违规行为的意见和改进管理、提高绩效的建议。

第三十一条 经审会有权对审计结果以适当方式进行通报。

经审会有权对违法违规和造成损失浪费的被审计单位和人员，给予通报批评或者提出追究责任的建议。

经审会对严格遵守财经法规、经济效益显著、贡献突出的被审计单位和个人，可以向单位党组织、主要负责人提出表彰建议。

第三十二条 经审会对审计中发现的严重违法

违规、严重损失浪费等问题，以及被审计单位经济运行中存在的重大风险隐患，有权向同级工会党组织、工会委员会和上一级经审会报告。

第五章 工会审计程序

第三十三条 经审会根据同级工会委员会的工作部署和上级经审会的要求，制订年度审计工作计划。

第三十四条 经审会根据年度审计工作计划，确定审计项目，成立审计组，制订审计实施方案。

审计组审计人员不得少于2人，实行审计组组长负责制。

第三十五条 经审会应当在实施审计3日前，向被审计单位送达审计通知书。遇有特殊情况，报经审会主要负责人批准后，可以直接持审计通知书实施审计。

第三十六条 审计人员通过审查财务、会计资料，查阅与审计事项有关的文件、资料，检查现金、实物、有价证券和信息系统，向有关单位和个人调查等方式进行审计，取得审计证据，做好审计记录，编制审计工作底稿。

向有关单位和个人进行调查时，审计人员应当不少于2人。

第三十七条 审计组对审计事项实施审计后，依据相关法律法规和内部控制制度作出审计评价，对需要整改的事项提出审计意见和建议，形成审计组的审计报告，并征求被审计单位的意见。

第三十八条 被审计单位自接到审计组的审计报告之日起10日内，应当向审计组回复书面意见，逾期不回复的，视同无异议。

第三十九条 经审会审核审计组的审计报告、研究被审计单位的书面意见后，出具经审会的审计报告，对违反财经法律法规的行为在职权范围内作出审计决定，并将经审会的审计报告或者审计决定送达被审计单位。审计决定自送达之日起生效。

第四十条 被审计单位自收到经审会的审计报告或者审计决定之日起30日内，将整改落实情况书面报告给出具审计报告或者审计决定的经审会。

第四十一条 被审计单位或者相关责任人员对

经审会作出的审计决定不服的，自收到审计决定之日起60日内，可以向出具审计决定的上一级经审会书面申请复审。上一级经审会自收到书面复审申请之日起60日内，应当作出复审决定。复审期间执行原审计决定。

第四十二条 经审会发现下一级经审会作出的审计决定违反国家有关规定或者有重大错误的，应当责成下一级经审会予以变更或者撤销，必要时可以直接作出变更或者撤销决定。

第四十三条 经审会应当建立健全审计整改监督检查机制，对被审计单位进行审计回访，督促其落实整改意见，执行审计决定。

审计组在审计实施过程中，应当及时督促被审计单位整改审计发现的问题。

经审会在出具审计报告、作出审计决定后，应当在规定的时间内检查或者了解被审计单位和其他有关单位的整改情况。对于定期审计项目，经审会可以结合下一次审计，检查或者了解被审计单位的整改情况。

第四十四条 经审会应当每年向同级工会党组织和工会委员会报告审计结果和整改落实情况。

第四十五条 经审会对办理的审计项目、专项审计调查、审计复审、审计整改监督检查等，按照工会审计业务公文处理规定和审计档案管理规定建立档案。

第六章 工作保障

第四十六条 各级工会领导班子应当自觉接受审计监督，支持经审会和工会审计人员依法独立履行职责。

第四十七条 各级工会党组织应当建立健全党领导工会经审工作机制，各级工会党组织、领导班子应当定期听取经审会的审计工作汇报，加强对经审工作规划、年度审计计划、审计质量控制、问题整改和队伍建设等重要事项的管理。

第四十八条 被审计单位主要负责人是整改第一责任人。各级工会应当建立健全审计发现问题整改机制，对审计发现的问题和提出的建议，被审计单位应当及时整改，并将整改结果书面报告经审会。

第四十九条 各级工会对经审会审计发现的典型性、普遍性、倾向性问题，应当及时分析研究，制定和完善相关管理制度，建立健全内部控制措施。

第五十条 经审会应当建立审计事项移交制度，依法依规移交应当由其他有关部门（单位）处理、纠正或者追究有关单位、人员责任的事项，有关部门（单位）应当依法依规及时作出决定，并将结果书面反馈经审会。

经审会应当加强与内部纪检监察、巡视巡察、组织人事等其他内部监督力量的协作配合。

各级工会应当将审计结果及整改情况作为考核、任免、奖惩工会干部和相关决策的重要依据。

第五十一条 各级工会对经审会审计发现的重大违纪违法问题线索，应当按照管辖权限依法依规及时移送纪检监察机关、司法机关。

第五十二条 经审会主任应当参加工会党组会议、主席办公会议、常委会议和研究工会重大经济活动的会议；经审办主任应当参加涉及工会经费、资产和相关经济活动的会议。

第五十三条 各级工会应当为经审会开展审计工作，提供必要的人力、物力、财力保障和工作条件，履行审计职责所需经费，应当纳入本级工会年度经费预算。

第五十四条 各级工会应当加强工会审计人员队伍建设，落实经审会主任任期培训制度和工会审计人员培训规划，做好工会审计人员的配备、使用、考核和管理工作。

第五十五条 各级工会应当支持经审会加强审计工作规范化建设，健全审计工作运行机制，完善审计质量评价体系。

各级工会应当根据工会审计工作特点，完善工会审计人员考核评价制度，保障工会审计人员享有相应的晋升、交流、任职、薪酬及相关待遇。

第五十六条 上级经审会应当加强对下级经审会的业务指导和工作支持，对在工会审计工作中做出突出成绩的单位和个人给予表彰和奖励。

对连续多年在工会审计工作中作出突出成绩的单位和个人，上级经审会可以向下级工会党组织、领导班子提出嘉奖、记功的建议。

第七章　相关责任

第五十七条　被审计单位有下列情形之一的，由单位党组织、领导班子责令改正，并对直接负责的主管人员和其他直接责任人员进行处理：

（一）拒绝接受或者不配合工会审计工作的；

（二）拒绝、拖延提供与审计事项有关的资料，或者提供资料不真实、不完整的；

（三）拒不纠正审计发现问题的；

（四）整改不力、屡审屡犯的；

（五）违反国家规定或者工会内部规定的其他情形。

第五十八条　经审会和审计人员有下列情形之一的，由同级工会党组织、领导班子对直接负责的主管人员和其他直接责任人员进行处理；涉嫌犯罪的，移送有关机关依法追究刑事责任：

（一）徇私舞弊、玩忽职守，给国家和工会造成重大损失的；

（二）隐瞒审计查出的问题或者提供虚假审计报告的；

（三）泄露国家秘密或者商业秘密的；

（四）利用职权谋取私利的；

（五）违反国家规定或者工会内部规定的其他情形。

第五十九条　工会审计人员因履行职责受到打击、报复、陷害的，工会党组织、领导班子应当及时采取保护措施，并对相关责任人员进行处理；涉嫌犯罪的，移送有关机关依法追究刑事责任。

第八章　附　　则

第六十条　各级工会可以根据本条例制定具体实施办法。

第六十一条　上级经审会应当指导和督促下级经审会执行本条例，对下级经审会执行本条例的情况进行检查。

第六十二条　本条例由中华全国总工会负责

解释。

第六十三条 本条例自发布之日起施行。中华全国总工会于 2011 年 4 月 8 日发布的《中国工会审计条例》（总工发〔2011〕27 号）同时废止。